Emil Friedberg

Der Staat und das allgemeine Concil

Emil Friedberg

Der Staat und das allgemeine Concil

ISBN/EAN: 9783743443099

Hergestellt in Europa, USA, Kanada, Australien, Japan

Cover: Foto ©Suzi / pixelio.de

Manufactured and distributed by brebook publishing software (www.brebook.com)

Emil Friedberg

Der Staat und das allgemeine Concil

Der Staat

und

Das Allgemeine Concil.

DER STAAT

UND

DAS ALLGEMEINE CONCIL.

LEIPZIG,
VERLAG VON DUNCKER & HUMBLOT.
1873.

Das Recht der Uebersetzung, wie alle anderen Rechte, vorbehalten von der
Verlagsbuchhandlung.

VORWORT.

Der Zweck der nachfolgenden Blätter erhellt aus der Einleitung. Hier soll nur gesagt werden, dass sie im gemeinverständlichen Sinne geschrieben, sich nicht an das gelehrte Publikum wenden, dass aber die wissenschaftliche Grundlage durch die beigegebenen „Belege" gewahrt ist.

Der Verfasser.

INHALT.

I. Die Neuerungen des vatikanischen Concils. Tendenz der Schrift S. 1. f.
II. Die ersten acht ökumenischen Concile. Stellung von Staat und Kirche im römischen Reiche S. 3. f. Das Concil v. Nicaea S. 4. f. — Das I. Concil von Konstantinopel S. 6. — Das Concil von Chalcedon und die Stellung des Papstes Leo S. 6. f. Die 6—8. ökum. Synode S. 8. f.
III. Verhältniss von Staat und Kirche ändert sich S. 10. f. — Pseudoisidorische Fälschungen S. 11. f. — Neues Recht für die Concilien S. 11. f. — Die Versuche Friedrichs I. S. 14. f. — Das Recht des Mittelalters S. 16. f.
IV. Theoretische Opposition. Marsilius v. Padua S. 18. f. — Die Reaktion gegen das Papstthum S. 20. f. — Das Recht des Staates über die Concilien vertheidigt S. 22. f. — Das Kostnitzer Concil S. 24. f. — Das Concil von Basel S. 25—28; — Das Concil von Pisa S. 28—31;
V. Das Concil von Trient S. 32—37.
VI. Die Folgezeit. — Bellarmin S. 38. — Die Gallikaner S. 39. f. Van Espen S. 40; — Febronius S. 41; — Seine Nachfolger S. 42.
VII. Das vatikanische Concil noch einmal S. 43. f.

Belege S. 45— 52.

I.

Neben vielen anderen auffälligen Neuerungen des vatikanischen Concils ist auch namentlich die bemerkt worden, dass die Berufung desselben allein vom Papste ohne jede Betheiligung oder auch nur Verständigung der europäischen Staatsregierungen ausgegangen ist, dass diese bei dem Concil nicht vertreten waren, ja nicht einmal officielle Mittheilungen über die conciliarischen Vorgänge erhielten. Und doch handelte es sich auf dem Concile nicht blos um die Regelung dogmatischer Fragen — obgleich auch diese wie das Infallibilitätsdogma in die Beziehungen der Kirche zum Staate eingreifen — und schon Papst Nicolaus I. deswegen eine Betheiligung des Kaisers an den Concilien für zulässig erklärt hatte[1] — sondern auch geradezu um die Fixirung kirchenpolitischer Grundsätze[2], welche die Staaten nicht minder angehen als die Kirche, und welche doch der Staat vollkommen passiv von der Kirche hinnehmen sollte.

Freilich ist das Concil nicht bis zur Berathung des kirchenpolitischen Programmes gediehen. Aber das war doch nicht eine Folge der Connivenz, welche man den Staatsregierungen gegenüber bewähren wollte, oder der Einsicht, dass die Concordia imperii et sacerdotii, auf welche sonst auch Seitens der Kirche ein hohes Gewicht gelegt wurde, gefährdet werde: Es war eine vielleicht sogar unnöthige Konsequenz der Occupation Roms durch die italienische Regierung, und das Concil ist ausserdem nicht beendet worden, sondern nur vertagt, soll also im gegebenen Augenblick seine Thätigkeit fortsetzen.

Darum mag es nicht unangebracht erscheinen, die Beziehungen welche sonst zwischen dem Staat und den ökumenischen Concilien obgewaltet haben zum Gegenstand der Betrachtung zu machen. Es hat das nicht nur ein geschichtliches Interesse, sondern vielleicht auch noch ein praktisches, wie es denn gleichzeitig zur Kritik der Vorgänge beim vatikanischen Concile zu dienen vermag.

II.

Als das erste ökumenische Concil i. J. 325 zu Nicaea versammelt wurde, war die christliche Kirche schon zum Staate in friedliche Beziehungen getreten. Die harte Verfolgung, welche der Staat bis dahin gegen die Anhänger einer Lehre bethätigt hatte, welche den Principien der antiken Politik zuwider die Verschmelzung mit dem Staate und der Nationalität ablehnte, hatte ein Ende genommen. Sie hatte der Kirche nur Gewinn gebracht. Sie hatte ihr vergönnt, ihre innere Organisation ohne staatliche Kontrole und Einwirkung auszubauen und durch das Martyrium ihr Selbstgefühl zu festigen. Aber der Friede zwischen dem römischen Imperium und der Kirche wurde doch nur auf der Basis geschlossen, dass die letztere dem ersteren unterworfen sein sollte, und die kaiserliche Politik hegte und pflegte die christliche Kirche fortan nach denselben Principien, welche sie den heidnischen Religionen gegenüber bisher beobachtet hatte und für diese zunächst auch nach Anerkennung des Christenthums noch nicht aufzugeben gewillt war.

Es war aber dieses Hineinziehen der Kirche in

den Staatsmechanismus nur förderlich für dieselbe. So fest war die kirchliche Organisation doch noch nicht, dass sie nicht durch jede dogmatische Streitigkeit in allen Fugen erschüttert worden wäre, und der noch zarte Stamm der Kirche wäre durch die Stürme der Ketzereien entwurzelt worden, wenn er sich nicht an die Macht des Staates hätte anklammern können. Die Konsequenz dieser Verhältnisse musste vor allen Dingen dahin führen, dass wie die ganze kirchiche Verfassung unter dem schirmenden Dach der kaiserlichen Autorität sich festigte, so auch namentlich die Versammlungen, welche den wahren Glauben feststellen sollten, zu dem Kaiser in Beziehung traten. Und nicht etwa die orthodoxen Christen, sondern nur die verurtheilten Ketzer haben das zu bemängeln gewagt. Den Donatisten, welche sagten: Was haben die Christen mit den Königen zu thun und was die Bischöfe mit dem Papst? — spricht kein Geringerer als der heilige Optatus, Bischof von Mileve, das beherzenswerthe Wort [3]: „Der Staat ist nicht in der Kirche, sondern die Kirche im Staat, d. h. im römischen Reich. . . . Niemand steht über dem Kaiser als Gott allein, der ihn zum Kaiser gemacht hat, und wenn Donatus sich über den Kaiser erhebt, so überschreitet er die dem Menschen gesetzten Schranken, indem er sich fast für einen Gott, nicht für einen Menschen hält, und indem er demjenigen nicht Ehrfurcht erweist, welcher nach Gott von den Menschen gefürchtet wurde." Schon das Concil von Nicaea ist von Konstantin berufen worden, und seine Beschlüsse sind mit kaiserlicher Genehmigung veröffentlicht[4]). Freilich die Urkunden der kaiserlichen Berufungsschreiben sind nicht mehr erhalten. Drei Jahrhunderte später hat eine Synode neben Konstantin auch noch den römischen Bischof Sylvester als Urheber des nicaenischen Conciles bezeichnet[5]), und ein späterer Autor erzählt, dass der Kaiser sich des Rathes der Geistlichen vorher bedient habe[6]). Alles das hat zur Begründung dienen müssen für die Behauptung, dass der Kaiser nicht selbstständig, sondern unter Leitung des Papstes gehandelt habe[7]). Denn wenn er überhaupt Bischöfe gefragt hat, so sagt man, dann wird er doch auch gewiss den angesehensten, den Bischof von Rom, gehört haben.

Abgesehen davon, dass eine Geschichtsschreibung sich auf dem sichern Boden von Thatsachen bewegen soll und nicht auf dem schlüpfrigen an sich ungerechtfertigter Schlüsse, dass in unkritischer Zeit das Zeugniss einer späteren Synode nicht vollwichtig erscheint, so würde doch damit das Factum, dass die Berufung der Synode wirklich durch den Kaiser erfolgt sei, nicht berührt werden[8]), wie es denn auch von keiner Seite bestritten wird. Dass aber Konstantin bei einem so aussergewöhnlichen Schritte, wie es die Berufung eines ersten ökumenischen Concils war, kirchlichen Beirath einholte, ist so selbstverständlich, dass man gar nicht mehr nöthig hat, darauf hinzuweisen, dass für einen heidnischen Regenten, wie Konstantin ja noch war, diese Nothwendigkeit noch dringender erscheinen mochte.

Bei dem zweiten ökumenischen Concil, dem von Konstantinopel i. J. 381, liegen die Verhältnisse schon klarer [9]. Die Synodalen selbst haben an den Kaiser Theodosius ein Schreiben gerichtet [10], worin sie Gott danken, dass er diesen Kaiser zur Bekräftigung der orthodoxen Glaubenssätze eingesetzt habe, und die Bestätigung der Schlüsse des Koncils erbitten, welches auf den Ruf des Kaisers zusammengetreten sei. Auch war der Bischof von Rom bei der Berufung dieser Synode gar nicht betheiligt, die, wenngleich ursprünglich nicht als ökumenische beabsichtigt [11], diesen Character doch durch spätere Anerkennung des Abendlandes erhielt, ungeachtet des Umstandes, dass sie ohne jede Mitwirkung des Papstes zusammengetreten war, berathen und beschlossen hatte.

Die dritte ökumenische Synode ist i. J. 431 durch die Kaiser Theodosius und Valentinian berufen [12] und ebenso die vierte i. J. 451 durch den Kaiser Marcian [13]. Gerade aber an diesem Concil vermögen wir zu zeigen, welche Stellung der römische Bischof bezüglich der ökumenischen Synoden einnahm, wie er sich selbst keinerlei Befugnisse über dieselben beilegte, wie er alles von der kaiserlichen Autorität erwartete und die auch nicht genehmen Aeusserungen derselben gehorsam respectirte.

Gleich nach Beendigung der Räubersynode zu

Ephesus erachtete der römische Bischof Leo die Berufung eines neuen Concils für geboten, welches von den Bischöfen aller Welttheile besucht und in Italien abgehalten werden müsste. That er nun selbst einen Schritt, um das für so dringend erachtete kirchliche Bedürfniss zu befriedigen? Er wandte sich lediglich an den Kaiser Theodosius II. Unter dem 13. October 449 schrieb er diesem[14]), dass alle Geistlichen der Kirche des Occidents den Kaiser „mit Seufzern und Thränen anflehten.... dass er den Zusammentritt eines Concils in Italien befehlen möge (jubeatis).· Schon am Weihnachtstage desselben Jahres wiederholt er seine Forderung, dass der fromme Kaiser geruhen möge (dignetur), dem Wunsche und der Bitte des römischen Bischofs nachzugeben[15]). Er veranlasst den Kaiser Valentinian, seine Bitte beim Kaiser zu unterstützen[16]), und ebenso die Kaiserin Placidia. Die Licinia Eudoxia muss sich auf Leo's Betrieb an Theodosius wenden, die Placidia an die Pulcheria[17]). Am 20. Juli schrieb dann Leo selbst wieder mit gleicher Bitte[18]).

Als dann Theodosius II. starb und seine Nachfolger Pulcheria und deren Gemahl Marcian sich bereit erklärten, das Concil zu berufen, als sie die Meinung des Leo erforschten, ob er eine ausser Italien abzuhaltende Synode besuchen werde, „an dem Orte, welcher uns belieben wird"[19]), wünschte jener eine Vertagung des Planes. „Euere Milde," so redete er den Kaiser an[20]), möge befehlen, (die Synode) einer günstigeren Zeit aufzubewahren." Aber ebensowenig wie der Wunsch des Papstes bezüglich des Ortes der conziliarischen Zusammenkunft vom Kaiser erfüllt wurde — das Concil wurde nach Chalcedon ausgeschrieben — ebensowenig der wegen Vertagung. Und Leo? Er verhehlte dem Kaiser seine Empfindlichkeit nicht[21]). Er habe geglaubt, dass der Kaiser seinen Bitten wohl hätte nachgeben können. „Aber da Ihr aus Liebe zum katholischen Glauben die Versammlung jetzt haben wollt, so sende ich, um auch den Schein zu vermeiden, als ob ich Euerem frommen Willen widerstände, mehrere Gesandten." Auch in den folgenden Briefen[22]) klagt er, dass der Zeitpunkt des Concils ihm nicht passend gewählt erscheine, dass er zu nahe sei, als dass er die nöthigen Vorbereitungen treffen könne, aber regelmässig schliesst er mit der Versicherung seiner vollkommenen Willfährigkeit den kaiserlichen Anordnungen gegenüber.

Ziemlich gleichartig liegen die Verhältnisse bei der fünften Synode, welche i. J. 553 zu Konstantinopel abgehalten wurde. Auch diese wurde vom Kaiser, von Justinian, auf Bitten des Vigilius berufen[23]), aber dessen Wunsch, den Zeitpunkt des Zusammentrittes so weit hinauszuschieben, bis noch mehrere lateinische Bischöfe eintreffen könnten, fand kein Gehör[24]).

Endlich wurden auch die drei folgenden ökumenischen Synoden: die sechste von Konstantinopel i. J. 680[25]), die siebente von Nicaea i. J. 787[26]) und die achte wieder von Konstantinopel i. J. 869[27]) von den Kaisern berufen und ihre Beschlüsse durch kaiserliche Edicte bestätigt[28]). Dass die Kaiser dabei an die römischen Bischöfe Einladungen ergehen liessen, Fragen, ob sie in Person dem Concile beiwohnen wollten[29]), kann um so weniger dahin gedeutet werden, als ob die Einwilligung der Päpste erfordert worden wäre, als diese geradezu — so Leo II. in seinem Brief an Konstantin v. J. 682 — anerkennen, dass der Zusammentritt der Synoden auf kaiserlichen Befehl (imperiali decreto) geschehen sei[30]), wie denn auch die Akten aller ökumenischen Synoden regelmässig des kaiserlichen Befehles — und nur dieses — Erwähnung thun, auf Grund dessen sie zusammengetreten seien[31]).

III.

Zwischen dem achten und neunten allgemeinen Concil liegt ein Zeitraum von fast dreihundert Jahren, in welchem die ganze ursprüngliche Verfassung der Kirche eine Umbildung erfuhr. Es ist die Periode, wo der Schwerpunkt des kirchlichen Lebens in den Occident verlegt wird und die griechische Kirche sich von der römischen trennt, wo das Band zwischen dem oströmischen Kaiser und dem römischen Bischofe zerrissen wird, wo dieser den Supremat in der Kirche erringt, und ein Gegensatz zwischen Staat und Kirche Platz greift wie er früher kaum theoretisch angedeutet, jetzt auf der Grundlage der Pseudoisidorischen Decretalen auch practisch ausgebaut wird.

Eine Consequenz dieser neuen Lehre, welche der staatlichen Gewalt jede selbstständige Bethätigung auf dem geistigen und sittlichen Gebiete abspricht, welche die Freiheit der Kirche erstrebt und die damit correspondirende Unterjochung des Staates, musste auch die Stellung dieses letzteren zu den Concilien berühren.

So hatte schon Pseudoisidor einen Brief gefälscht, welchen der Papst Marcellus dem Maxentius geschrieben haben sollte[32]): „Ihr könnt rechtmässig keine Synode versammeln ohne Erlaubniss dieses heiligen Sitzes".

So war durch eine ganze Reihe von Fälschungen[33]) ein Brief des Papstes Julius fabricirt worden, welcher den orientalischen Bischöfen das von ihnen gehaltene Concil als nichtig hinstellte, weil die Canones bestimmen, dass „ohne Autorität der römischen Kirche es kein Concil geben könne, und keins gilt oder jemals gelten wird, welches nicht durch deren Autorität gestützt wird[34])".

Und es war der Papst, welcher zuerst die pseudoisidorischen Decretalen für seine Zwecke ausgenutzt hat, Nicolaus I., der den Kaiser Michael i. J. 865 unterrichtete, dass der römische Bischof die Macht habe, die Kleriker aller Diöcesen zu versammeln, während die frommen Kaiser nicht die Befugniss hätten, auch nur den Dienst eines Mönches zu fordern, es sei denn „ad miserendum et orationes eorum submisse poscendum[35])".

Es war Leo IX., der auf der Basis der pseudoisidorischen Fälschungen geradezu aussprach, dass gegen den Willen des römischen Papstes kein allgemeines Concil gefeiert werden dürfe[36]).

Und diese Ansichten sind nicht nur von späteren Päpsten wie Gregor VII.[37]), Alexander III.[38]), Bonifaz VIII.[39]), im Vollgefühle ihrer Hoheit wiederholt worden: die gefälschten Papstbriefe haben auch Eingang gefunden in das Rechtsbuch des Mönches Gratian[40]), welches für die Folgezeit Schule und Leben meisterte und ihre Consequenzen sind von zahlreichen mittelalterlichen Schriftstellern, wie Thomas von Aquino [41]), Alvaro Pelayo [42]) u. A. der Christenheit als tägliches Brod gereicht worden. Die geschichtliche Praecedenzen, welche wir für die kaiserlichen Befugnisse aufgeführt haben, konnten in einer Zeit, die so unkritisch war, dass sie die gröbsten Fälschungen als Wahrheiten annahm, kaum ins Gewicht fallen. Man leugnete einfach die unbequemen Thatsachen ab, — wie das bezüglich der Concilien schon Papst Paschalis II. that [43]) — und selbst angenommen, dass sie wahr gewesen wären, so erklärte man sie für gleichgültig, für Erscheinungen, die aus der Zeit der Feindschaft des Staates zu der noch jugendlichen Kirche stammten und für die herangewachsene nicht mehr massgebend sein könnten [44]).

Ausserdem dürfte ja der Papst, so behaupteten es seine Anhänger, jedes Recht nach Belieben umformen und aufheben und der Kaiser, das Prototyp der weltlichen Gewalt sollte umgekehrt für jedes Gesetz der päpstlichen Zustimmung bedürfen [45]). —

Freilich ist uns dann auch aus der Zeit in welcher die sächsischen und fränkischen Kaiser regierten, überliefert, dass sie Synoden berufen haben, und sogar mit päpstlicher Billigung [46]), aber das waren doch keine allgemeinen, und die Praecedenzen der Römischen Synode v. J. 963 [47]), der Ravennatischen Synode v. J. 967 [48]), der von Pavia v. J. 1046 [49]),von Sutri [50]) aus demselben Jahre u. s. w. konnten für ökumenische Synoden nicht ins Gewicht fallen. Gerade aber das erste derartige Concil, welches nach langer Pause in Rom i. J. 1123 zusammentrat, war bestimmt den Sieg des Papstthumes über das Kaiserthum zu sanctioniren und der Kirche die Früchte des Investiturstreites zu sichern. Wir kennen die Urkunde, durch welche der Zusammentritt des Concils angeordnet wurde, nicht mehr, wie denn dasselbe überhaupt bei den Zeitgenossen unbeachtet geblieben ist. Nur das Schreiben des Papstes an den Erzbischof von Dole ist überliefert [51], in welchem er diesen zum Besuch des Concils auffordert. Dass der Papst dabei ohne Betheiligung des Kaisers gehandelt habe, versteht sich aber um so mehr von selbt als die Berufung des Concils noch in die Zeit vor dem Wormser Concordat fällt, also noch während des Zwistes mit dem Kaiserthum ausgegangen war. Auch von einer Bestätigung der Synodalschlüsse durch den Kaiser ist um so weniger die Rede, als die Synode ja selbst die kaiserlichen Entschliessungen besiegeln sollte, was freilich in der Form geschah, dass der Papst in seinem Namen die Gesetze erliess und verkündigte [52].

Auch die folgende ökumenische von Innocenz II. i. J. 1139 wieder zu Rom versammelte Synode, erfolgte ohne jede staatliche Betheiligung [53].

Noch deutlicher zeigt sich aber die Umwälzung, welche sich in der rechtlichen Auffassung der Concilien vollzogen hatte bei Gelegenheit des dritten Lateranconcils v. J. 1179. Die Zusammenberufung dieser ökumenischen Synode war bei den Venetianer Friedensverhandlungen zwischen Kaiser Friedrich I. und dem Papste Alexander III. ausdrücklich mitstipulirt worden [54]). Aber keine Silbe findet sich von der Nothwendigkeit einer kaiserlichen Mitwirkung.

Ganz selbstständig berief der Papst die Synode, die weltlichen Regenten betheiligten sich allein durch Gesandtschaften [55]); und nur der König von England hatte die Erlaubniss für die Bischöfe seiner Reiche von einem Eide abhängig gemacht, welchen der zum Concil einladende päpstliche Legat und die Praelaten selbst schwören mussten, dass das Concil nichts dem Könige präjudicirliches beschliessen werde [56]).

Und doch hatte gerade derselbe Deutsche Kaiser Friedrich I., welcher das Concil mit nackten Worten als das „des obersten Pontifex" bezeichnete [57]), versucht die alten kaiserlichen Rechte über die Concilien wieder aufleben zu lassen.

Denn als Alexander III. und Victor IV. um den Pontificat stritten, hatte der Kaiser nach eingeholtem Rath frommer und selbst Alexander geneigter Geistlichen [58]) ein allgemeines Concil nach Pavia berufen [59]), um dort das Schisma entscheiden zu lassen. Er hat die Synode mit den Worten eröffnet [60]), wie er wisse, „dass ich kraft der kaiserlichen Würde, die ich bekleide, die Macht habe, Concile zu berufen vor allem in so gefahrvollen Zeiten der Kirche", er hat sich auf

die historische Präcedenz von Constantin, Theodosius
Justinian und Karl dem Grossen berufen; aber er hatte
übersehen, wie sehr die Zeiten sich geändert hatten,
wie hoch das hierarchische Selbstgefühl gestiegen war,
welches er jetzt zu meistern übernahm.
Freilich der Vorwurf, welchen Alexander III. ihm
entgegenschleuderte[61]), dass er ohne Vorwissen des
Papstes ein Concil versammelt habe — also eine Berufung mit Genehmigung desselben scheint selbst dieser
hierarchisch gesinnte Papst nicht für unzulässig gehalten zu haben — ist von den Zeitgenossen nicht so
betont worden, wie die Unregelmässigkeit des Verfahrens
auf der Synode, und die ganze Procedur gegen den
Papst[62]). Aber der oben erwähnte Friede zu Venedig
besiegelte eben die politische Niederlage des Kaisers
wie der weltlichen Gewalt überhaupt, und behinderte
diese für längere Zeit, wieder conciliarische Befugnisse
zu beanspruchen.

Die zwölfte allgemeine Synode ist i. J. 1215 in
Rom zusammengetreten. Von ihren Acten ist wenig
erhalten; wohl aber existiren noch Berufungsschreiben.
Diese sind vom Papste ausgegangen, und nicht nur
an die kirchlichen Würdenträger, sondern auch an
die christlichen Könige gerichtet[63]). Gesandte der
letzteren erscheinen auch auf dem Concile[64]). Aber
von einer Vertretung staatlicher Rechte ist keine
Rede. Die europäischen Statten wetteifern mit einander in der Dienstbarkeit gegenüber dem mächtigen
Innocenz III. Der Deutsche Otto IV. sucht sich von

Vorwürfen zu reinigen, um die Kaiserkrone zu behaupten, der König von England beschwert sich über den Erzbischof von Canterbury: Alle nehmen sie gehorsam die Entscheidung des Papstes und des Concils entgegen [65]).

Auf der folgenden allgemeinen Synode v. Lyon i. J. 1245 — falls man dieser wie der nächsten von Vienne überhaupt den Character einer ökumenischen beilegen kann — spielte der Kaiser gar die Rolle des Angeklagten. Die Berufung des Concils hatte Innocenz IV. auf der Flucht ergehen lassen. Er wandte sich in seiner Bulle v. 3. Januar 1245 an alle Prälaten, Könige und Fürsten mit dem Bemerken, dass der Kaiser Friedrich II. ebenfalls vorgeladen sei [66]). Und es sind auch auf dem Concile Gesandte desselben anwesend, welche seine vom Concil ausgesprochene Absetzung nicht zu hintertreiben vermögen, wie auch die Einwirkungen, welche die Gesandten Frankreichs und Englands nach anderen Richtungen hin versuchen nicht von Erfolg begleitet sind [67]).

Ebensowenig aber konnte auf dem vierzehnten ökumenischen zu Lyon i. J. 1274 abgehaltenen Concile, wohin Gregor X. die Prälaten, die Könige, Fürsten und Städte der Christenheit berufen hatte [68]), von einer kaiserlichen Mitwirkung die Rede sein. War doch in Deutschland eben erst das traurige Interregnum durch die Wahl Rudolfs von Habsburg beseitigt. Dessen und seines Nebenbuhlers, Alfons v. Castilien

Gesandte, buhlten um die Gunst des Papstes, welcher hier die Wahl von Rudolf anerkannte [69]).

Endlich ist auch das fünfzehnte allgemeine Concil von Vienne i. J. 1311 allein von Clemens V. berufen worden [70]).

IV.

Trotz der theoretischen Opposition, welche die übertriebenen Machtansprüche der Päpste hervorriefen, haben ihre über die Concilien wahrgenommenen Befugnisse nicht grossen Widerspruch gefunden. Die Schriftsteller, welche das Verhältnisse von Staat und Kirche im Interesse des ersteren behandelten, glaubten genug gethan zu haben, wenn sie nur das Gottes-Gnadenthum der weltlichen Fürstenmacht bewiesen, und Kaiser Friedrich II., wie energisch er auch darauf hinwies, dass die Absetzung der Könige durch die Kirche, welche er Seitens des Lyoner Concils erfahren musste, unerträglich sei[71]), ist doch weit entfernt davon, die Legitimation des Concils etwa deswegen zu bestreiten, weil dasselbe ohne kaiserliche Autorisation zusammengetreten war.

Erst zur Zeit Ludwig des Baiern beginnen die politischen Schriftsteller die Concilfrage zu berühren, und zwar, da damals die Berufung einer allgemeinen Synode gar nicht praktisch in Frage kam, in rein theoretischer abstrakter Weise.

So weit zu sehen ist, hat namentlich Marsilius von Padua in seinem Defensor pacis[72]) Grundsätze ausgesprochen, welche der bestehenden Praxis schnurstracks zuwiderliefen.

Ein allgemeines oder auch nur spezielles Concil zusammenzuberufen, gebührt allein dem gläubigen Gesetzgeber, dem Fürsten, und nur dieser kann den Concilsbeschlüssen bindende Kraft verleihen. Das ist im Kurzen der Inhalt seiner Lehre. Schon in den ältesten Zeiten, so führt er aus, hätten sich die Kaiser an den Concilien betheiligt, wollte man heute nur auf den Ruf des römischen Bischofs warten, wer weiss wann dieser ertönen würde, falls der Papst selbst oder seine Kardinäle den Spruch des Conciles zu fürchten hätten.

Auch seien von der Gemeinde gewählte Laien an der Synode zu betheiligen, was um so erforderlicher sei, als der ungebildete Haufe der Geistlichen kaum eine Ahnung von der so nothwendigen Kenntniss des Rechtes besitze, eine grosse Zahl von Klerikern kaum eine den Regeln der Grammatik entsprechende Rede zu halten im Stande sei, und junge ungebildete Männer auf den bischöflichen Stühlen sässen.

Solche im vierzehnten Jahrhundert nur vereinzelt auftretende Ansichten werden aber mehr oder weniger Gemeingut der Gebildeten schon im folgenden. Wie ist das gekommen?

Die schrankenlose päpstliche Suprematie hatte nur sich selber geschadet. Wieder zeigte sich die alte geschichtliche Erfahrung, dass alles Irdische der Schranken bedarf, um zu existiren, dass jede menschliche Gewalt, und wenn sie auch einen göttlichen Ursprung von sich prädicirt, sobald sie sich despotisch über alles Recht, über alle gegebenen Bedingungen, die sie einengen, hinfortsetzt, in sich selbst verfallen muss. Der Bau der mittelalterlichen Papstkirche war ein idealer und erhabener, aber es waren doch nur schwache irdische Menschen, welche die ungemessene Macht des Pontifikates zur Verfügung hatten, und es war eine sehr lose, untaugliche Unterlage, auf welcher das Gebäude errichtet war.

Wäre der Klerus wirklich so gottähnlich gewesen, wie die Stellung, welche er dem irdischen Staate gegenüber verlangte, dies erforderte: dann hätte man die Unterwerfung des Staates unter die Kirche als eine Läuterung und Erziehung des Menschengeschlechts anzusehen gehabt. Wären die Päpste wirklich Götter gewesen, leidenschaftslos und der menschlichen Schwächen untheilhaftig, dann wäre ihre Obergewalt über alle Reiche dieser Welt gerechtfertigt gewesen. Was aber sollte die Menschheit dazu sagen, wenn sie sah, dass Diejenigen, welche sich in das staatliche Gefüge nicht einpassen lassen wollten, welche die Staaten zu regieren trachteten, nicht besser und vielleicht noch schlechter waren als die für irdisch ausgegebenen Bürger und Fürsten, dass in der Kirche der Zwiespalt zwischen Theorie und Praxis, den Lehren, welche sie aufstellte, und den Thaten ihrer Diener ein klaffender war. Es musste sich die Ueberzeugung

Bahn brechen, dass auch das Verhältniss von Staat und Kirche den realen Verhältnissen gemäss zu gestalten sei, dass das ideale System eine Lüge sei, welche einer weniger idealen Wahrheit Platz machen müsse. Es liegt uns hier nicht ob, die Schäden der mittelalterlichen Kirche an Haupt und Gliedern zu schildern. Sie sind schon von zeitgenössischen Schriftstellern mit vielleicht um so grelleren Farben gezeichnet worden, je mehr der einzelne Autor ergrimmt sein mochte über die Abweichung, welche in der Kirche von ihren idealen Vorschriften Platz gegriffen hatte, je mehr er das Gefühl empfand, welches unser wackerer Walther von der Vogelweide ausgedrückt hat mit den Worten:

Nu seht ir waz der pfaffen werc und waz ir lêre sî,
ê daz was ir lere bi den werken reine
nu sint si aber anders sô gemeine
daz wirs unrehte wurken sehen, unrehte hoeren sagen,
die uns guoter lêre bilde solden tragen,
des mugen wir tumbe leien wol verzagen.

Wenn aber die aus diesem Gefühl entspringende Reaction die ganze kirchliche Verfassung berühren musste, so war noch besondere Gelegenheit gegeben, auch die Aufmerksamkeit auf die Stellung zu richten, welche die allgemeinen Concilien den Päpsten und den weltlichen Fürsten gegenüber einnahmen.

Mit der Verlegung des päpstlichen Sitzes nach Avignon gerieth die ganze so straff centralisirte Kirche in französische Botmässigkeit und bald wurde der katholischen Welt das befremdende Schauspiel, dass die theoretische Einheit der Kirche in drei Theile auseinanderklaffte, jeder mit einem päpstlichen Haupte, keiner in dem sicheren Gefühle, dass er das rechte besitze.

Der Versuch, den das Kardinals-Kollegium machte, die kirchliche Gewalt in seine Hand zu nehmen, und welcher zu dem von den Kardinälen berufenen Concil von Pisa (1409) führte [73]), scheiterte, und nicht zum Mindesten an dem Widerspruche des deutschen Königs Ruprecht, welcher das Recht der Konvokation ökumenischer Concilien für sich in Anspruch nahm [74]). Und doch war es klar, dass das allgemeine Concil das einzige Heilmittel für die kranke Kirche sei. Konnte aber über die Person des Arztes Zweifel obwalten? Konnte von einer anderen Seite als von der staatlichen die so sehnlichst erstrebte Reform an Haupt und Gliedern der Kirche erwartet werden?

An die weltliche Gewalt wendet sich daher auch Jeder, welcher es ernst mit seiner Kirche meint und den alten Glanz derselben wieder hergestellt wissen will. Freilich, die Fälschung der pseudo-isidorischen Dekretalen war noch nicht erkannt, und man ahnte noch nicht, dass das kanonische Recht auf erdichteter Unterlage ruhe. Darum wird der Satz, dass die Berufung des Conciles dem Papste zustehe, noch immer anerkannt; aber man sucht sich doch davor zu verwahren, als ob man nach Art der Juden am Buchstaben kleben müsse, und statuirt die Möglichkeit, die Regel durch Ausnahmen zu durchbrechen. So sagt Pierre d'Ailly, Bischof von Cambray und Kardinal der römischen Kirche [75]), dass wenn es auch richtig sei, dass nur der Papst ein Concil berufen dürfe, doch nach göttlichem und natürlichem Recht in gleicher Weise gezeigt werde, wie diese Regel in gewissen Fällen Ausnahmen zulasse. So schreiben im Jahre 1380 die Universitäten Paris, Oxford und Rom an den Kaiser Wenzel, er möchte das Schisma beseitigen, „oder", so rufen sie ihm zu, „berufe ein Concil, denn dass Dir das zusteht, davon sind unzählige Bücher voll" [76]). So hat Heinrich von Langenstein den Fürsten das Vorbild ihrer Vorfahren hingestellt, um sie zur Concilberufung zu veranlassen [77]), und nicht anders Konrad von Gerlenhausen [78]). Der Kardinal Franz Zabarella führt aus, wie die römischen Kaiser Concilien veranlasst hätten, um dem Kaiser dieselbe Befugniss im gegebenen Fall zu vindiciren [79]). Und um die gleichen Ansichten von Pierre Plaoul, J. J. des Ursins [80]), Andreas von Randuf [81]) u. A. zu übergehen, so vindicirt Johannes Gerson, der Kanzler der Universität Paris, nicht nur dem Kaiser das Recht der Concilberufung, sondern in Ermangelung desselben den Fürsten, den Gemeinwesen und anderen weltlichen Herrn. „Wären die nicht vorhanden, so wird dies Recht gegeben werden müssen den Bürgern und Bauern bis zum geringsten Weibe" [82]).

Selbst Diejenigen, welche den Kaiser nicht direct bei der Convocation mitwirken lassen wollten, verlangten seine Anwesenheit auf dem Concil zum Schutz und zur Controle, und nach dem Zeugnisse des Aeneas Sylvius, des späteren Papstes Pius II., wurde die Superiorität des Conciles über den Papst nur noch von ehrgeizigen Strebern und Schmeichlern geleugnet [83]).

Der deutsche König Siegismund, trotzdem ihm wie seinen Vorgängern das Vorbild der römischen Kaiser genugsam vorgehalten war — auch auf dem Concile ist seine Thätigkeit mit der des Konstantin verglichen worden [84]), hielt nichts desto weniger einen Mittelweg für passend. Er nöthigte Johann XXIII. zur Berufung des Conciles, er octroyirte ihm als Ort desselben Constanz und er schrieb es durch ein Edictum universale [85]) vom 30. October 1413 auf den 1. November 1414 aus, noch ehe die päpstliche, vom 8. December 1413 datirte Berufungsbulle [86]) ergangen war.

Alle, welche es anging, hatte der Kaiser zum Besuch eingeladen, Prälaten, Doctoren, Magister, die Könige, Fürsten und Reichsstände, wie denn auch der Papst an die Könige und adligen Männer, die Herzoge, Fürsten, Markgrafen und andere, welche solchem Concil beiwohnen müssen, geschrieben hatte. Und zahlreich wurde der Aufforderung Folge geleistet. Neben 90 Vertretern von 14 Universitäten — welche auch schon an der Pisaner Synode Antheil gehabt hatten — erschienen ausser dem Könige Siegismund 81 Botschafter von Königen, 39 Herzöge, 32 gefürstete

Herren, 131 Grafen, 171 Freiherren, 1500 Ritter, 62 Botschafter der Reichs-, 352 der Herrenstädte; daneben ausser der Prälatur 217 Doctoren der Theologie, 170 der Medicin, 361 der Rechte und 1400 Magister der freien Künste [87]).

Diese gemischte Zusammensetzung des Concils giebt der ganzen Versammlung den eigenthümlichen Charakter; sie lässt auch ahnen, von welcher Seite die allerdings in Constanz nicht erfüllte Hoffnung auf Reform der Kirche, auf Förderung rechnen könne.

Das Kostnitzer Concil stellte die Regel fest, dass zukünftig in bestimmten Zwischenräumen allgemeine Synoden berufen werden sollten [88]). Das Convocationsrecht wurde dem Papste zugesprochen, aber das hatte doch nur höchstens noch den Inhalt, dass der Ort der conciliarischen Zusammenkunft von Rom aus bestimmt werden konnte, und für jeden Fall, wo der Papst die ihm auferlegten Pflichten zu erfüllen säumig wäre, sollte durch das Concil selbst für die Wiederkehr der Versammlungen Sorge getragen werden.

So setzte schon während des Constanzer Concils am 20. April 1418 der Papst das nächste für Pavia an, aber nicht selbständig, sondern so, dass Kaiser und Concil die päpstliche Bulle genehmigten [89]). So verlegte er die in Pavia schwach besuchte Synode nach Siena und von dort nach Basel — aber immer mit Zustimmung des Concils selbst [90]). Und nach Basel schrieb dann eine Bulle Martins V. vom 1. Februar 1431 das nächste allgemeine Concil aus.

Wie sehr dabei die Person des Kaisers in's Gewicht fiel, ergeben schon allein die Schritte der Universität Paris. Denn nicht nur an den Papst, die Könige, die Bischöfe und Universitäten wandte sie sich mit Schreiben, welche auf die Eröffnung des Conciles drangen: auch den Regensburger Reichstag des Jahres 1431 beschickte sie, um Siegismund von der Nothwendigkeit des Conciles zu überzeugen, und als dasselbe wirklich eröffnet war, konnte sie sich nicht nur wegen der Erspriesslichkeit ihrer Bemühungen rühmen, sondern sie betonte auch die wesentliche Einwirkung des deutschen Königs[91].

Uebrigens hatten gleichzeitig die conciliarischen Befugnisse des Staates noch eine sehr wirksame Vertretung gefunden.

Es war Nicolaus von Cusa, der spätere Cardinal der römischen Kirche, welcher in seinem Werke *de concordantia catholica* ausführlich über die Stellung des Königs zu den Concilien handelte. Er kennt die Geschichte der ersten acht ökumenischen Synoden genau, er zieht daraus die Schlüsse für das gegenwärtige Recht. Der Kaiser kann die allgemeinen Synoden genau so berufen, wie ein König die particularen, nicht durch Zwang, sondern durch Ermahnung — non coactive sed exhortatorie [92].

Uebrigens hatte auch auf dem Basler Concil König Siegismund mehr als genügende Gelegenheit, seinen Einfluss zu bethätigen.

Schon im Eröffnungsjahre der Synode 1431 löste Papst Eugen IV. sie wieder auf und berief sie nach Bologna. Freilich der König erklärte ausdrücklich, dass das nicht seine Sache sei, sondern die des Conciles selbst [93]), aber er sagte doch diesem seinen Schutz zu [94]), er ermunterte es, in seinem Widerstand gegen den Papst zu beharren, er setzte sich mit den übrigen europäischen Fürsten in Verbindung, und diese erkannten das Concil an trotz des päpstlichen Widerspruches. Ja der König zeigte auch, dass die Gelehrten nicht umsonst die königlichen Rechte vertreten hatten. Die Gesandtschaft, welche er an den Papst i. J. 1432 sandte, schloss ihre Botschaft im Namen Siegismunds mit den eindringlichen Worten: „Der römische König ist nach dem Ausspruche gelehrter Männer, und namentlich des berühmten Cardinal Franz Zabarella, nicht nur verpflichtet, das im heiligen Geist durch das Ansehen der Kirche versammelte Concilium aufrecht zu erhalten und zu schützen, sondern auch befugt in gewissen Fällen, von Neuem ein Concil zu versammeln. Und der König meint, dass ein solcher Fall ganz nahe liegt" [95]).

Freilich erhielten diese Ausführungen Seitens der römischen Kurie eine mehr als schnöde Abfertigung: aber der Papst nahm doch seine früheren Massnahmen zurück, und als er später wieder mit Aufhebung des Baseler Concils ein anderes nach Ferrara ausschrieb, that er es nur der kaiserlichen Unterstützung seiner Tendenzen versichert [96]). Und doch offenbarte sich sofort, wie das päpstliche Recht über die Concilien in der Luft schwebte. Nicht nur, dass das Concil selbst dasselbe nicht anerkannte, bis zur Absetzung des Papstes und Aufstellung eines neuen vorging: die Abhängigkeit aller conciliarischen Rechtsfragen von dem Willen der europäischen Staaten zeigte sich auch darin, dass der König von Frankreich seinen Bischöfen den Besuch der Synode von Ferrara verbot [97]), und Deutschland erklärte sich zwischen den beiden streitenden Theilen, Papst Eugen IV. und dem Baseler Concil gar für neutral. —

Wir haben hier nicht weiter auszuführen, wie die Unschlüssigkeit und Schwäche der deutschen Politik der römischen Curie den Sieg über das Baseler Concil verschaffte. Dass damit aber die fürstlichen Rechte über das Concil nicht mitbetroffen wurden, bleibt bemerkenswerth, und zeigt sich nicht nur in der Apellation, welche Ludwig XI. von Frankreich i. J. 1478 an ein ökumenisches Concil einlegte, welches er — falls der Papst sich weigere — mit den übrigen Fürsten versammeln werde [98]) — sondern vor allem in der Berufung des Concils von Pisa.

Schon König Karl VIII. von Frankreich war den Fragen, wer ein Concil zu berufen befugt sei, näher getreten [99]). Im Jahre 1497 erforderte er von der theologischen Facultät der Universität Paris ein Gutachten, ob, „en cas d'urgente necessité comme de present, ou quand dix Ans sont passés après le dernier Concile, si le Pape est prié et sommé de ce faire, et s'il est negligent ou differe, A sçavoir mon si les Princes tous Ecclesiatiques que seculiers et autres parties de l'Eglise se peuvent assembler de soymême et s'ils feront le Sainct Concile représentant l'Eglise universelle sans être par le Pape assemblés". Er erhielt eine bejahende Antwort [100], und ebenso auf die Frage: „Si en cas d'urgente necessité comme de présent, ou après dix Ans passés comme dessus une grande et notable partie de la Chretienté, comme le Royaume de France, ou le Roy representant iceluy, prie, somme, et admoneste le Pape, et les autres parties de soy assembler, et pourvoir à la necessité de l'Eglise, et les autres parties ou aucunes d'icelles sont negligentes refusantes, ou dilayantes d'y venir, A scavoir mon si ceux qui se trouveront pourront celebrer ledit Concile sans les autres, et pourvoir à la necessité de l'Eglise."

Und in der That erliess nun nicht nur der französische König Ludwig XII., sondern auch der deutsche Maximilian ein Edikt, welches sich wesentlich auf den angegebenen Standpunkt stellte[101]). Maximilian beauftragte seine Procuratoren, den Papst zur Berufung eines Conciles zu veranlassen; falls das missglückte, sollten sie sich an die Cardinäle wenden; endlich aber äussersten Falles einen Protest ihres Herrn veröffentlichen und selbst das Concil berufen.

Diese letzte Eventualität trat indessen nicht ein, weil eine Anzahl von Cardinälen vorhanden war, welche sich zur Berufung einer Synode bereit erklärten, und so erfolgte denn diese mit ausdrücklicher Erwähnung der Königlich deutschen und französischen Autorität [102]) nach Pisa i. J. 1511, von wo es später nach Mailand verlegt wurde.

Die Frage über das Berufungsrecht der Concilien wurde in Folge dessen wenigstens in Frankreich eifrig ventilirt. Es waren namentlich Philipp Decius[103]) und Jacob Almain[104]), welche die Sache des Pisaner Concils vertheidigten und gleichzeitig im Nothfalle auch ein Berufungsrecht des Staates anerkannten. Als ihr Gegner trat hauptsächlich auf Thomas de Vio, der General der Dominicaner, der spätere Cardinal Cajetan, dessen Schrift *de auctoritate Papae et Concilii sive ecclesiae comparata* in Frankreich verboten wurde [105]).

Aber freilich, weder Maximilian noch der französische König waren die Männer, welche im Stande gewesen wären, der römischen Kurie gegenüber ein Prinzip zu verfechten.

Als der Papst im Gegensatz zum Pisaner Concil ein allgemeines für das Jahr 1512 — natürlich ohne Betheiligung des deutschen Königs — nach Rom berufen hatte, erklärte Maximilian schon in der dritten Sitzung seinen Beitritt und Ludwig XII. von Frankreich in der achten. In der eliten Sitzung aber wurde der Beschluss gefasst, welcher in der Bulle *Pastor Aeternus* vorliegt, dass der römische Hohepriester allein Gewalt über alle Concile habe „und so auch volles Recht und volle Macht besitze, Concilien anzusagen, zu verlegen und aufzulösen und zwar nach dem Zeugnisse der heiligen Schrift, nach den Aussprüchen der heiligen Väter, anderer römischer Bischöfe unserer Vorfahren und nach den Decreten der heiligen Canones."

Zum Beweis für diese Sätze wurden in der Bulle auch alle Fälschungen verwendet, welche die vergangene Zeit nur hervorgebracht hatte [106]).

V.

Die nächste allgemeine Synode war die von Trient. Als Luther mit den nach Deutschland gesandten päpstlichen Nuntien ins Gedränge gekommen war, hatte er an ein ökumenisches Concil appellirt, wie dem päpstlichen Verbote zuwider, schon vor ihm häufig genug geschehen war[107]). Seitdem stand die Concilsfrage im Vordergrunde der deutschen Politik. Und es war gleich eine der ersten Thaten des in Nürnberg 1521 versammelten neuen Reichsregimentes, Stellung dazu zu nehmen. Aber nicht blos die Berufung eines Conciles wurde hier verlangt; es solle das von päpstlicher Heiligkeit mit Verwilligung kaiserlicher Majestät geschehen, denn beiden Häuptern stehe das zu; auch sollte den Weltlichen Sitz und Stimme eingeräumt werden, in einer deutschen Stadt sollte das Concil stattfinden[108]). Die Forderung taucht dann wieder auf in den Reichstagen d. J. 1524, 1526, 1529, 1530 und auf Grund des letzten ist wirklich von der römischen Curie die Berufung beschlossen worden, mit der ausdrücklichen Bedingung, dass der Kaiser dem Concile beiwohnen solle[109]).

Dieser, nachdem er keine Rücksicht mehr auf die

Protestanten zu nehmen hatte, sprach aus, dass der Papst das Concil berufen werde, aber die Stände des deutschen Reiches kamen um so mehr auf die kaiserliche Machtvollkommenheit über die Concilien zurück, je weniger sich der Papst beeilte, das Concil ins Leben treten zu lassen.

Mehrmals, so berichtet der päpstliche Nuntius Aleander nach Rom, haben die Fürsten und Stände beschlossen, dass der Kaiser selbst das Concil berufen solle[110]), und i. J. 1539 machte der Kaiser den Papst auf das Gefahrvolle des Zustandes aufmerksam, dass die Stände decretirt hätten: Papst Clemens solle um Berufung eines Concils angegangen werden, falls der es nicht thue, solle der Kaiser es berufen, und wenn endlich auch dieser lässig erscheine, ein Nationalconcil zusammentreten[111]).

Freilich war Karl V. weit entfernt, dem Vorbilde Friedrichs I. zu folgen; er verstand es, die Forderungen der Stände jedesmal abzuschwächen; aber nach dem Frieden von Crespy konnte der englische Bevollmächtigte seinem Hofe berichten, dass der Kaiser selbst damit umgehe ein allgemeines Concil zu berufen — he went already about the calling of a general council —, dass er päpstliche und kaiserliche Gewalt zu vereinen strebe[112]).

Das gab beim römischen Hofe den Ausschlag, das Concil auf einen nahen Termin nach Trient auszuschreiben, nachdem man wegen des passenden Ortes die Zustimmung der deutschen Fürsten schon längst beflissen eingeholt hatte. Karl V. hatte gegen diese That des Papstes nichts einzuwenden. Auch auf ein von jenem berufenes Concil war er sicher, entscheidenden Einfluss auszuüben.

Dieser letztere hatte aber namentlich Gelegenheit sich zu entfalten, als der Papst die Majorität des Conciles veranlasst hatte, dasselbe nach Bologna zu verlegen. Der Kaiser bemängelte geradezu die Rechtmässigkeit dieses Aktes[113]) und erklärte erforderlichen Falles die Fürsorge selbst treffen zu wollen, zu welcher er als Kaiser und König verpflichtet, und welche von jeher in der Christenheit üblich gewesen sei[114]). In der That eröffnete dann der Papst i. J. 1550 das Concil von Neuem, freilich wieder durch einen selbstständigen Akt, aber nicht ohne sich vorher der Zustimmung des Kaisers und des Königs von Frankreich gehörig versichert zu haben[115]).

Als dann in Folge des Abfalles des Churfürsten Moritz von Sachsen vom Kaiser das Concil wieder auseinander ging, wurde die neue Berufungsbulle Pius IV. v. 29. November 1560 wiederum bekannt gemacht, ohne dass ihr Entwurf irgend einer weltlichen Macht mitgetheilt worden wäre, aber schon vorher hatte der Papst mit den Regenten Verhandlungen gepflogen. König Ferdinand hatte im Juni 1560 dem päpstlichen Nuntius erklärt, es scheine ihm, dass der Papst die Concilsangelegenheiten nicht beschleunigen dürfe, bis er die Meinung seiner Majestät kennen gelernt habe[116]), und wieviel von der wirklichen Zustimmung der Fürsten abhing, beweist, dass selbst König Ferdinand das Trienter Concil bis zum Jahre 1560 nicht als ökumenisches betrachtete, weil der König von Frankreich es als solches nicht anerkannt, und keinem seiner Bischöfe die Theilnahme gestattet habe[117]. Welche Mühe hatte sich auch der Papst geben müssen um die Annahme der Berufungsbulle bei den Fürsten durchzusetzen! Der König von Frankreich machte seine Entschliessung von der des Kaisers abhängig, auf welchen in Folge dessen mit allen Mitteln der Diplomatie und Courtoisie von Rom aus eingewirkt wurde; der König von Spanien aber hatte die päpstliche Bulle noch im Juli 1561 nicht angenommen[118].

Auch der fürstlichen Oratoren, welche ihre Souveräne auf dem Concile vertraten, ist hier zu gedenken. Erachtete doch der Kaiser deren Anwesenheit für so wesentlich, dass er den Charakter der Oekumenizität eines Concils davon abhängig erklärte[119]. Die Freiheit der conciliarischen Berathungen, so gering sie der That nach war, ist namentlich den Bemühungen der Oratoren zu danken, und bildete in ihren Instruktionen den Hauptpunkt. Ihre Befugniss, an das Concil Anträge zu bringen ohne sich des Mittels der apostolischen Legaten zu bedienen, ist bis zum Schluss des Concils Gegenstand der eifrigsten fürstlichen Sorge gewesen.

Und als das Concil das wieder und nun schon seit Jahrhunderten gehörte und durch die kaiserlichen Oratoren ihm entgegengebrachte Gesuch um Reformation der Kirche an Haupt und Gliedern, mit einem

Antrage auf Reform der Fürsten erwidert hatte, als dem Staate conciliarisch alle Rechte abgesprochen werden sollten, da waren es die Oratoren, welche die darauf abzielenden Beschlüsse hintertrieben. Die Worte des französischen Gesandten beleidigten die Ohren der frommen Väter[120]. Diese gedachten in ihrer Antwort die Uebergriffe des Staates zu betonen, zu beklagen und zurückzuweisen, aber der Orator begehrte gar keinen Bescheid. Er war sicher, dass seine Rede des Eindruckes nicht verfehlt habe. In der That nahm das Concil „mit Rücksicht auf die Zeitverhältnisse" von seinem dem Staate so präjudicirlichen Programme Abstand[121]) aber dennoch stiessen seine Beschlüsse überall auf ernstes Misstrauen.

In Frankreich versagte die weltliche Gewalt alles Andrängens von Rom ungeachtet die Genehmigung zur Verkündigung der disciplinaren Decrete des Concils, die bis auf den heutigen Tag nicht zu dem in Frankreich geltenden Kirchenrecht gehören. Nur die dogmatischen Satzungen nahm man an[122]). In Burgund wurde das Concil erst 1571 und mit einer Reserve publicirt, welche die Rechte des Staates aufrecht erhielt[123]). Im Jahre 1564 beschwerte sich der Papst, dass sogar Philipp II. von Spanien das Concil nicht annehme[124]), und es wurde dann freilich im Jahre 1565 in Spanien, Neapel und den Niederlanden veröffentlicht, aber mit einer Clausel welche das Recht des Königs über die Kirche wahrte[125]). Und auch in Oesterreich beriethen Beispielsweise die zur Synode in Olmütz im

Jahre 1568 versammelten Prälaten ob sie zur Publication der Trienter Beschlüsse schreiten dürften, und nahmen schliesslich davon Abstand, weil sie ohne Genehmigung des Kaisers nichts zu thun wagten und diesen zu beleidigen fürchteten[126]). In der Prager Provinz wurde das Tridentinum erst im Jahre 1605 publicirt[127]).

VI.

Vom Trienter Concil an bis in die Mitte des vorigen Jahrhunderts war in der Kirche das Curialsystem herrschend, welches den Schwerpunkt der ganzen kirchlichen Verfassung in den römischen Primat legte und gleichzeitig die Herrschaft der Kirche über den Staat zu vertreten suchte.

Die Frage der Stellung des allgemeinen Concils zum Papste einerseits und zum Staate andererseits hatte eine rein theoretische Bedeutung, weil an die Berufung eines Conciles gar nicht gedacht wurde.

Sie wurde nach der bekannten Schrift des Cardinals Bellarmin von seinen zahllosen Nachtretern durchaus in dem Sinne gelöst, dass das Concil lediglich unter dem Papste stehe und der Staat gar keine Gewalt über das Concil habe.

Die historischen Präcedenzen, obgleich einzelne Schriftsteller, wie der anonyme Verfasser der Schrift „*de libertate ecclesiastica*" mit bemerkenswerther Energie sie betonten [128]), wurden einfach geleugnet, oder eine Interpretation der historischen Ueberlieferung beliebt, welche den Sinn der Worte so lange verarbeitete, bis die gewünschte Bedeutung erzielt war.

Und diese Auffassung, welche als Normen nur die kanonischen — wie wir gesehen haben auf Fälschungen beruhenden — anerkannte, welche es verschmähte, aus den factischen Verhältnissen darzuthun, dass diese Rechtssätze zuerst nicht existirt haben und nach ihrer Aufstellung nur in den Zeiten vom zwölften bis fünfzehnten Jahrhundert voll beobachtet worden sind, welche an die formalen Acte der Päpste bei dem Kostnitzer, Baseler und Trienter Concil anknüpfte und übersah, wie diese zu Stande gekommen waren, welche vergass, dass es keinem Staat seit dem fünfzehnten Jahrhundert auch nur im Entferntesten eingefallen ist, ein Concil für ein allgemeines zu erachten, weil es als solches vom Papste berufen war, dass die Staaten direkt eine Anerkennung ihrerseits für nothwendig erachteten, dass sie überhaupt ihren Bischöfen nicht gestatteten, das Territorium zu verlassen ohne landesherrliche Erlaubniss, viel weniger aber ein Concil zu besuchen, dass überhaupt keine kirchlichen Aktenstücke und auch keine Concilbeschlüsse veröffentlicht werden durften ohne staatliches Placet [129]) — ist auch in der deutschen Literatur bis auf den heutigen Tag mehr als zur Genüge vertreten worden.

Die entgegengesetzte Anschauung hatte darum nicht aufgehört, Repräsentanten zu finden. Zuvörderst war es die Gallikanische Richtung, welcher es freilich mehr auf den Satz ankam, dass das allgemeine Concil über dem Papste stehe, als auf die unpraktische Vertheidigung der Rechte des Staates über die Synoden. Aber auch eine solche erfolgte doch, wenngleich, was ja Frankreich mehr interessirte, hauptsächlich bezüglich der Nationalsynoden. Die von Pithou formulirten Freiheiten der gallikanischen Kirche enthalten ausdrücklich den Satz, dass der Herrscher befugt sei, Nationalsynoden zu berufen, und noch Napoleon I hat von diesem Rechte Gebrauch gemacht.

Bezüglich der ökumenischen Concilien begnügen sich die französischen Schriftsteller, wie Bossuet, Dupin, Richer, De Marca u. a., die Geschichte vor der Vergewaltigung zu retten, welche die Vertreter der Papaltheorie ihr anzuthun trachteten. Sie nahmen und stellten die Thatsachen dar wie sie waren, und nicht wie man sie päpstlicher Seits wohl gewünscht hätte; sie wiesen die Rechte der Kaiser den ersten acht ökumenischen Synoden gegenüber klar und überzeugend nach, ohne künstlich immer dem römischen Bischof die Hauptrolle bei den conciliaren Dramen zu ertheilen. —

Der Belgier Van Espen ist auch von der Superiorität der Concilien über den Papst durchdrungen, aber über das Convocationsrecht handelt er nicht speciell. Nur auf den Betrug weist er hin, durch welchen das kanonische Recht in dieser Beziehung umgewandelt worden ist, ohne indessen weitere Consequenzen daran zu knüpfen [130]).

Weit mehr Veranlassung hatten die deutschen Schriftsteller, den staatlichen Rechten über allgemeine

Concilien nachzugehen, und auch weit mehr Neigung. Denn was das letztere betrifft, so war leider bei uns das Interesse für eine wissenschaftliche Frage um so lebendiger, je unpraktischer sie erschien. Wer aber hätte wohl seit der Mitte des vorigen Jahrhunderts noch geglaubt, dass die Kirche jemals wieder ökumenische Concile versammeln könnte, welche ein römischer Kardinal mit dem Namen eines „unnützen Geräusches" bezeichnet hatte![131]) Darum reflectirte man über das Convocationsrecht bei allgemeinen Synoden mit grosser Abstraction, und weil das Recht geradezu in der Luft zu schweben schien, so konnte es überaus zweckmässig bei den Befugnissen des deutschen Kaiserthums systematisch untergebracht werden, wo es gleich werthvolle Genossen in Hülle und Fülle traf.

So wies der Trierer Weihbischof Nicolaus von Hontheim darauf hin, dass weder nach göttlichem noch kirchlichem Rechte dem Papste ausschliesslich die Befugniss, Concilien zu berufen, gebühre, und dass, wenn er sie in der That in späteren Zeiten ausgeübt habe, eine stillschweigende Genehmigung der Fürsten angenommen werden müsse[132]).

Es ist merkwürdig, wie diese Art der Argumentation dem Autor des Febronius verdacht wurde. Dieselben Männer, welche nicht müde wurden, mit dem grössten Zwang der Worte und Hintenansetzung jeder Kritik für die durch die römischen Kaiser ganz unbestreitbar erfolgte Zusammenberufung der ersten acht allgemeinen Synoden eine Zustimmung des römischen Bischofes zu deduciren, die in Wahrheit nicht bestand, schliessen die Augen vor jedem ihrer Theorie unbequemen Ereigniss der späteren Zeit und zürnen jedem, der es sieht und wägt.

Paul Joseph von Riegger spricht dem Papste das Convocationsrecht zu, ohne das der Fürsten für rechtlich unmöglich zu erachten, und jedenfalls mit der Forderung, dass die Zustimmung der Fürsten durchaus nicht hintenangesetzt werden dürfe [133]. Den gleichen Standpunkt nimmt auch ein Pehem [134], und eine grosse Anzahl von Autoren, welche dem Papste das Recht, allgemeine Synoden zu versammeln, zugesteht, erkennt doch Ausnahmen von dieser Regel an, welche auch den weltlichen Regenten zu Gute kommen [135]. Wie denn endlich auch die Reichspublicisten — nur Pfeffinger [136], Struve [137], Johann Jacob Moser [138]) seien hier genannt — nicht unterlassen, die Befugnisse des Kaisers über allgemeine Concilien wenn auch mehr von der historischen als von der praktischen Seite zu behandeln.

VII.

Dass bei der Berufung des letzten vatikanischen Concils ohne jede Betheiligung der weltlichen Gewalten verfahren wurde, haben wir schon erwähnt. Freilich sind die Kardinäle vom Papste vorher deswegen befragt worden. Aber sie haben sich den Staaten gegenüber ablehnend ausgesprochen [139]. So wurde auch keine Einladung an die Staatsregierungen gerichtet und diese haben es deswegen unterlassen, sich beim Concile speciell vertreten zu lassen.

Nicht, dass man den Bruch, der sich dadurch mit dem früheren und formell noch jetzt geltenden Recht vollzog, übersehen hätte. Emile Ollivier hat in glänzender Rede darauf hingewiesen [140]; er hat constatirt, dass Rom die Trennung von Staat und Kirche, die es freilich verpöne — damit vollziehe, er hat die nothwendigen logischen, vom Staate jetzt zu ziehenden Konsequenzen dieses Prinzipes mit Freuden begrüsst. Aber die Regierungen glaubten einen Akt der politischen Klugheit zu begehen, wenn sie ihre Rechte ruhen liessen. Sie meinten, dass es sich um lediglich innere Angelegenheiten der Kirche handle, welche diese mit voller Freiheit erledigen müsse.

Ob diese Politik eine weise war, wird die Geschichte zu richten wissen.

Diese Blätter sollen nur darthun, was für Rechte man staatlicher Seits preisgegeben hat und was erforderlichen Falles noch immer Recht der Staaten ist.

BELEGE.

1) Harduin, Concil. 5, 158.
2) Vgl. das schema de sacra rom. ecclesia in Friedberg, Samml. d. Aktenst. z. I. vatic. Concil (Tübingen 1872) S. 444 ff.
3) Optatus Milev., de schismate Donatistar. lib. 3. c. 3. (Paris 1700) S. 52.
4) Eusebius, Vita Constantini III. 6. Hefele, Conciliengeschichte Bd. 1. S. 7. 255 f. (Freiburg 1855).
5) Concil. oecum. VI. v. J. 680. bei Harduin, Conc. 3, 1417.
6) Rufin. Historia eccles. lib. 1. c. 1.
7) Vgl. Phillips Kirchenrecht 2, 244 (Regensburg 1857). Hefele a. a. O.
8) Vgl. Schulte, die Stellung der Concilien, Päpste und Bischöfe (Prag 1871) S. 59.
9) Socrates hist. eccl. V. 8. Theodoret hist. eccl. V. 6. Hefele a. a. O. 2, 3.
10) Bei Mansi, Ampl. Concil. Coll. 3, 558.
11) Hefele a. a. O. 1, 9.
12) Bei Mansi a. a. O. 4, 1111. Vgl. auch Hefele a. a. O. 2, 162.
13) Mansi a. a. O. 6, 551 ff. Vgl. auch Hefele a. a. O. 2, 384.
14) Leonis Magni opera ed. Ballerini (Venetiis 1753) 1, 910.
15) ebendas. S. 955.
16) ebendas. S. 962.
17) ebendas. S. 963 ff.
18) ebendas. S. 1005.

19) ebendas. S. 1025.
20) ebendas. S. 1047.
21) ebendas. S. 1060.
22) ebendas. S. 1063 ff.
23) Mansi a. a. O. 9, 181.
24) Harduin a. a. O. 3, 63 ff. Vgl. Hefele a. a. O. 2, 830.
25) ebendas. 3, 1055. Vgl. Hefele a. a. O. 3, 426.
26) Mansi a. a. O. 13, 414.
27) Mansi a. a. O. 16, 18.
28) De Marca de concordia imperii et sacerdotii lib. II. c. 10. no. 9 ff. (Bambergae 1788), 1, 249 ff. Vgl. lib. VI. c. 22. Bd. 3, S. 153 ff.
29) Hefele a. a. O. 1, 10 ff.
30) Mansi a. a. O. 11, 726.
31) Schulte a. a. O. 60.
32) Bei Hinschius, Decretales Pseudoisidorianae (Lipsiae 1863) S. 228. Vgl. die dort citirten Parallelen.
33) Der Papst u. d. Concil v. Janus (Leipzig 1864) 126 f.
34) Bei Hinschius a. a. O. 465.
35) Bei Mansi a. a. O. 15, 187.
36) ebendas. 19, 657 f.
37) Dictatus Gregorii VII. § 16.
38) Bei Baronius Annal. ad a. 1159. no. 72.
39) Bei Leibnitz, Cod. iur. gent. Bd. 2. Mantissa 314.
40) Dist. XVII. c. 1. 2. 5. 3.
41) Opuscul. contra impugnant. religionem. c. 4. Richter, K. R. (7. Aufl.) 403.
42) Alvarus Pelagius de planctu ecclesiae lib. 1. c. 22.
43) c. 4. X. de elect. (1, 6).
44) Petrus de Cella lit. ad Th. Becket in. M. Bibl. Patr. 23, 828.
45) Vgl. die Stellen bei Friedberg, d. Gränzen zw. Staat u. Kirche (Tübingen 1872) S. 39 f.
46) Vgl. Johannes XIII. bei Mansi a. a. O. 18, 509.

47) Vgl. Mansi 18, 471.
48) ebendas. 509.
49) ebendas. 19, 615.
50) Jaffé, Regesta Pontif. Rom. (Berol. 1857.) S. 363. Giesebrecht, Gesch. d. deutschen Kaiserzeit (Braunschweig 1863) 2. 414. Vgl. auch Friedberg, de finium regundorum iudicio (Lipsiae 1861) S. 167.
51) Jaffé a. a. O. no. 5093.
52) Mon. Germ. Legg. 2, 182.
53) Mansi a. a. O. 21, 526.
54) Mon. Germ. Legg. 2, 148.
55) Benedict. Petroburg. de vita et reb. gestis Henrici VI. ed. Hearne 1, 288.
56) Vgl. Reuter, Alexander III. (Leipzig 1864) 3, 419 ff.
57) Bei Trouillat, Documents de l'évêché de Bâle 1, 389.
58) Vgl. Reuter a. a. O. 1, 504.
59) Mon. Germ. Legg. 4, 119.
60) Ragewin. lib. II. c. 64.
61) Vita Alexandri III. bei Muratori SS. 3, 1, 451.
62) Vgl. Reuter a. a. O. 1, 505.
63) Bei Böhmer, Regesta imperii (Stuttgart 1849) S. 322.
64) ebendas. S. 323 f.
65) Hefele a. a. O. 5, 779 ff.
66) Böhmer, Reg. a. a. O. S. 355.
67) Hefele a. a. O. 5, 999.
68) Palacky, Reise 42 f.
69) Vgl. Raynaldus Annal. ad h. a. no. 5 u. 45.
70) Mansi a. a. O. 25, 369 ff.
71) Mon. Germ. Legg. 2, 355.
72) S. 312 ff. in d. Ausgabe Francof. 1692.
73) Mansi a. a. O. 26, 1131. 1161; 27, 106 ff.
74) Lenfant, Hist. du Concile de Pise (Amsterdam 1724) S. 258.
75) Bei v. d. Hardt, Magn. oec. Concil. Const. I, 3, 443 f.

76) Bei Goldast, Monarchia I, 231 f.
77) v. d. Hardt a. a. O. II, 1, 8 ff.
78) Lenfant a. a. O. 53.
79) Bei Schardius, Sylloge historico-politico-eccl. (Francof. 1618) S. 236.
80) Vgl. Hübler, Constanzer Reformat. (Leipzig 1867) S. 377.
81) Bei v. d. Hardt a. a. O. I, 5, 98 ff.
82) Bei v. d. Hardt a. a. O. II, 5, 119. Vgl. opera 2, 114.
83) Historia Concil. Basil. p. 773.
84) Bei v. d. Hardt a. a. O. I, 4, 812 ff.
85) ebendas. VI, 1, 6.
86) ebendas. VI, 1, 9.
87) Siebeking, die Organisat. u. Gesch.-Ordn. d. Const. Conciles (Leipzig) 7 f.
88) Vgl. Hübler a. a. O. 67 ff. 218.
89) Vgl. Hefele a. a. O. 7, 367.
90) Aschbach, Gesch. Kaiser Sigmunds (Hamburg 1845), 4, 8. Wessenberg, die grossen Kirchenversammlungen des XV. u. XVI. Jahrh. (Constanz 1840) 277.
91) Bulaeus, Hist. Universit. Parisiens. 5, 408.
92) lib. 3. c. 13. bei Schardius a. a. O. 316.
93) Martene et Durand, Coll. Ampl. VIII. praef. VI.
94) Für dies und das folgende Aschbach a. a. O. 4, 39 ff.
95) Martene a. a. O. VIII, 84 ff.
96) Aschbach a. a. O. 4, 372.
97) Wessenberg a. a. O. 2, 373.
98) Bei Dupui Preuves des libertés de l'églisc gallicane (Paris 1751) 246 ff. c. 13. no. 13.
99) Für das folgende vgl. Richerius, Hist. Concil. gener. (Coloniae 1681) lib. IV. c. 2 ff.
100) Bei Bulaeus, Hist. Univ. Paris. 5, 821.
101) Richerius a. a. O. S. 190 ff.
102) ebendas. S. 185 ff.
103) Vgl. ebendas. S. 139.

104) Bei Goldast, Monarchia 1, 588 ff.
105) Bei Dupui a. a. O. 2, 30.
106) Vgl. auch Hergenröther, Antijanus (Freiburg 1870) S. 133.
107) Ranke, Deutsche Gesch. im Zeitalter der Reformat. in Werke (Leipzig 1867 ff.) 1, 272.
108) ebendas. 2, 40.
109) ebendas. 3, 213.
110) ebendas. 3, 303.
111) Bei Raynald. Annal. ad h. a. 21, 104.
112) Ranke a. a. O. 4, 230.
113) Le Plat, Monum. 3, 682.
114) Pallavicini, Storia del Concilio Tridentino lib. X. c. 12. 13.
115) ebendas. lib. XI. c. 10. Vgl. Wessenberg a. a. O. 3, 296.
116) Sickel, Z. Gesch. d. Concils v. Trient (Wien 1872) 53.
117) ebendas. 138.
118) ebendas. 202.
119) ebendas. 58.
120) Sarpi, Storia del Concilio Tridentino VIII. 55.
121) Vgl. auch Le Plat a. a. O. 6, 233 ff.
122) Vgl. Histoire de la réception du Concile de Trente en France (1756).
123) Le Plat a. a. O. 7, 191.
124) Döllinger, Beitr. z. Gesch. Karls V. S. 564.
125) José Covarrubias Máximas sobre recursos de fuerza 1, 277 (Madrid 1829).
126) Hartzheim, Concilia Germaniae 8, 363.
127) ebendas. 763.
128) Bei Goldast, Monarchia 1, 680.
129) Vgl. Friedberg, de finium etc. 155. 168 f.
130) Van Espen, Brevis Commentar. ad Decr. Grat. S. 14 (Coloniae 1729).
131) Der Papst u. d. Concil 446.

132) Febronius, de statu ecclesiae c. VI. § 2 (Bullioni 1763) S. 296.
133) Institut. iurisprud. eccl. (Vindob. 1777) P. 1. § 237 ff.
134) Vorlesungen über Kirchenrecht (Wien 1802) I, 1, 128 ff.
135) Vgl. Schenkl, Instit. iur. eccl. (Landshuti 1830) 1, 374 f. und die dort Angeführten.
136) Vitriarius illustratus 3, 15 ff.
137) Corp. iur. publ. S. 401 (Jenae 1738).
138) Deutsch. Staatsrecht 3, 106 ff. (Frankf. 1740).
139) Cecconi, Gesch. d. allgem. Kirchenvers. im Vatican (Regensburg 1873) 1, 34 f.
140) Friedberg, Aktenstücke 331 ff.